Cuarenta y cuatro noches en el ombligo de la luna

Cristina Blanco Rabanedo

@Kilombè

Oviedo, Asturias

I.S.B.N.: 978-84-615-3000-7

D.L.: AS-04234-2011

A 444 por hacer lo inimaginable para que volviera a creer en mí misma.

A los dos "Cometus" porque no hay nada mejor que perderse en las estrellas con ellos.

Y sobre todo a mis Padres, con mayúscula, por estar ahí, siempre.

PRÓLOGO

Por Jessica Rabanedo García (@SunevaKite)

El arte de escribir. Organizar palabras hilando ideas, construyendo historias, transmitiendo emociones, sensaciones… transportándote a otros lugares y momentos, vividos o no, pero que su lectura hará tuyos.

Y tiene más arte si cabe saber hacer lírica con la prosa, volcándote entera en cada línea que escribes; desde pequeñita, has usado tus textos como vías de escape, como islotes perfectos en los que naufragar cuando el corazón necesita reponerse o cuando la mente te pide un poquito de brisa fresca para oxigenarse… pero ése don innato que tienes de viva imaginación y hábil facilidad de palabra (junto a las miles de horas dedicadas a leer y escuchar) han otorgado a tus historias, tus cuentos, tus vivencias y tus anhelos ésa carga de magia, empatía, emotividad y poesía que hacen tus relatos tan diferentes, tan tuyos.

Porque sí, tus relatos llevan inherentes a sí mismos tu sello, tu marca. Aún recuerdo la primera vez que leí uno de ellos, cuando aún no éramos nada más que primas; estaba "Fontiñeando" y simplemente lo supe, porque lo que conocía de ti bastó para identificar tu reflejo en aquellas palabras, que emanaban "Crys".

Espero que éste libro sea el primero de muchos más, ya que talento te sobra, y vas a seguir teniendo a las musas inspirándote por mucho tiempo… y, si no, da igual porque no las necesitas. Sé cuánto te has volcado en editar éste primer ejemplar y lo que supone para ti; también la cantidad de recuerdos que, junto a la parte ficticia y las licencias literarias, dejas ir en estas páginas. Por eso espero que cualquiera que acabe con éste ejemplar en sus manos lo disfrute tanto como tú escribiéndolo, o como sé que yo haré leyéndolo…

Presentarte se me ha hecho algo difícil, porque simplemente creo que no es necesario…"pasen y vean", sumérjanse en un mundo donde cuesta diferenciar lo onírico de lo real, donde las emociones están a flor de piel; abran bien los poros y disfrútenlas. Gracias.

Índice

1. Rutina que estás en mi cuerpo.
2. Tú.
3. Verbo Auxiliar Ser.
4. Incoherencias.
5. Luz.
6. Robo.
7. Una de piratas…
8. Y si eres, se.
9. El espejo de la luna.
10. Vidas.
11. Felicidad.
12. Plural que…
13. Teléfono roto.
14. Lágrimas.
15. Caída libre.
16. Las horas.
17. De tanto…
18. Las 4.11.
19. Noches de sidra y rosas.
20. Ya está todo dicho.
21. Lo divino de escribir.
22. La luna me sabe a poco.
23. Bilis e ira.

24. Trinos.

25. La de los días de lluvia (dos microcuentos).

26. Siete años después.

27. Agua.

28. Versos tristes.

29. Laberinto.

30. Ven.

31. Ciprés.

32. Clímax.

33. Niebla.

34. A vueltas con la uve.

35. Abecedario.

36. Me rompo de amor.

37. Armarios.

38. Tonterías.

39. Sueños.

40. Cuando…

41. Siempre jueves.

42. Demasiado tarde.

43. Melodía triste de piano.

44. Diga treinta y tres.

Rutina que estás en mi cuerpo

Rutina que estás en mi cuerpo
venga a mi mente tu esencia
maldito sea tu nombre
cada momento que te presentas.
Eres mi pan de cada día
aunque perdono que aparezcas
por cada fin de semana que salgo de fiesta.
En ti misma eres una tentación
que me encamina hacia el mal.

Tú

Tu piel, ese espacio protegido…
Tus manos, esas caricias del alma…
Tus ojos, ese deseo incontenido…
Tu boca, esa humedad que me descoloca…
Tú, no hay nada más.

Verbo Auxiliar Ser

Soy como el viento cuando sopla frío y fuerte
soy como el mar en plena tormenta
soy una droga adulterada
soy esa estúpida mirada de enamorado.
Soy como el desván lleno de polvo
soy el camino que nadie anda
soy la estrella que vaga en la noche
y aparece, estrellada, ya de mañana.
Soy como esa copa de alcohol
que se apura de un solo trago
soy la única muchacha
que no escribe nada
si no está borracha de tu amor.
Soy una ilusión rota
una vida que bota y se deshace.
Soy una palabra de mal tono y malsonante.
Soy un ladrido o un aullido
o un estallido de pasión
si me abres un botón de la blusa
soy la imagen de una intrusa
al fondo del callejón.
Soy el sonido de la brisa
soy la que nunca tiene prisa
si hago contigo el amor.
Soy la pesada que te dice
sácame y bailemos la balada
de los locos de madrugada.
Soy la sonrisa que te felicita
y la que hipnotiza al hipnotizador.

Soy la bala perdida que ha perdido la cartera.
Soy el amor que brota
con cara de idiota
contra el desengaño.
Soy una visa, una tele, un fax
una trampa mortal.
Soy la que siempre está sola
y tiene mucho frío
rodeada de amigos.
Soy optimista de escaparate
y pesimista dentro del traje
aunque sea el de los domingos.
Soy un caldero de agua caliente
soy el veneno de esa serpiente
que se cuela en tus sueños.
Y soy la asesina de tu soledad
si es que me llevas esta noche a cenar
y me mimas un poco.
Soy la venganza planeada
de una amante despechada
la aventura de un pirata
en el desierto del mar.
Soy la planta de un pie sudoroso
cuando se cruza en la esquina
con la vecina
y su novia le mira con celos.
Soy esos propios celos dorados
olvidándose del pie y mirando a otro lado.
Soy la medicina de un cardíaco
desodorante para un sobaco

juez imperturbable sin ley.
Soy ladrona de ilusiones
pintora en mil ocasiones
soy la espina del pez del desengaño
una plaga de langosta este año
y el año que viene, estatua de sal.
Soy cabeza para un sombrero
boca para un caramelo
¡oiga usted camarero!
soy la mosca que hay en mi sopa
la miga de pan en la copa
la mota de polvo en el ojo.
Soy la basura, el despojo
que sobra en mi cocina
soy la colonia asesina
con la que mueren todos los hombres.
Soy una aguja clavada en el corazón
soy el cristal que corta la vida de un infiel.
Soy la mentira,
soy la perdida verdad de los que siempre mienten.
Soy la nota musical
que canta sola en el alma
de un hombre que ama en silencio
y no dice nada porque su amor es más bello.
Soy la luz de la mañana
una hoja de marihuana
dentro de un cigarrillo liado
tuerca enamorada de un tornillo
soy un dedo sin anillo, ni boda.

Soy la guitarra escondida
en el armario de arriba
donde Papá no la vea.
Soy la tonta, soy la fea
y todos quieren bailar conmigo.
Soy la que tiene marido
si se acerca demasiado
el del asiento de al lado en el autobús.
Soy un chiste malo y triste
soy personificado el despiste
trozo de cal bañado en agua,
mujer fatal (y de rojo).
Soy ese verbo auxiliar
que te dice quien es.

Incoherencias

Tengo que ser incoherente para encontrar mi propia coherencia. Darle vueltas a todo para seguir encontrándome a mí misma. Liando la madeja. Asesorando batallas lúdicas de asquerosos puritanos. Regocijándome en mi propia desdicha. Desnudándome.

Luz

Y rescatar tus manos de la penumbra, alumbrándolas con tu luz…
Y dejar que mi luz y tu luz se fundan, en un intenso sol de deseo…
Y enredar nuestras miradas en la luna, dejando que nuestra piel desnuda se torne plateada con su luz…
Y saber que cada "te amo" de tu dulce boca, provoca humedades en lo más profundo de mi ser…
Y comprender que somos uno, aunque yo viva en la luna y tú tengas los pies en la tierra.

Robo

Me robas el tiempo, el sueño, la vida.
Me robas la cordura, el equilibrio, el aliento...
Me ofreces el mundo, las risas, ilusiones.
Me ofreces silencios, locura, jadeos.
Pongo en la balanza lo que me ofreces y lo que me robas.
Siempre ganas tú.

Una de piratas...

Nunca creí que la noche diera tanto de sí. Tras muchas risas, buena música y unas cuantas cervezas, me sentí lo suficientemente relajada como para permitirme mirarte a los ojos. Algo recorrió mi espalda de norte a sur, un escalofrío, algo magnético y extraño. Me mirabas como desde otro mundo, no sabría explicar desde cual. Me mirabas curioso y a la vez maravillado. "Vámonos" dije y mientras cerraba la puerta, tú seguías observándome callado. Al darme la vuelta me encontré con tus ojos otra vez "Estaba acordándome de lo bonita que estabas" y sin dejarme tiempo a respirar ni a contestar, tus labios se acercaron a los míos y entré en una realidad nueva. Y entonces íbamos en un barco pirata, con un par de huesos y una calavera y el timón lo conducía un pirata cojo, con pata de palo y yo iba vestida de princesa y tú tenías aros en las orejas y todo era tan fácil como beber de una botella de ron. Y sonaba de fondo Sabina y había delfines y sirenas... y entonces se acabó el embrujo y nos tuvimos que ir corriendo como cenicientas perseguidas... la noche siguió siendo de piratas a tu lado, mucho alcohol, mucha risa, besos de perro escondidos en las esquinas... y el barco que encalla en la cala del amanecer, con un sol rojizo abriéndose paso entre la bruma y echando a la luna llena de su trono. Juramos vengarla otra noche de confidencias, juramos que el sol nunca más ganaría y juramos que lo que había sucedido a la luz de la luna no podría repetirse en las horas dominadas por el dictador dorado. Así que bajamos la bandera y nos despedimos con la promesa de volver a izarla cuando la noche cayera sobre los mares. Con eso, y con un beso.

Y si eres, se

No te vayas, me abandones, o me dejes,
Quédate,
Se la sombra que me sigue a todas partes,
Se mi droga, mis anhelos, mi vacío
Mi destino, mi silencio si me embriago,
Se mi luna, mi farola, se mi guía
Se mi tiempo, mi cansancio, mis manías.

No te vayas, me abandones, o me dejes,
Quédate,
Se la vida que se pierde en cada jueves,
Se mi incendio, mi locura, un desvarío
Se mi duda, mi misterio, se mi frío
Se veneno, miel y néctar en tus labios
Se mi esencia, mi billete a cualquier parte,
Mi descanso.

No te vayas, me abandones, o me dejes,
Quédate,
Se mis ojos, se mis manos, se mis pies
Se mi ombligo, se mi pecho, el ajedrez
En el que nos desnudamos
Con avidez.

El espejo de la luna

Me asomé al mar para mirarme en el reflejo de la luna. Quería mirarme en ella, y no en su espejo de plata, pero tan alta, no se dejaba. Así que me asomé al mar, temiendo caerme como le sucedió a Narciso, quien por admirar su propia belleza se precipitó en el lago y murió ahogado. Pero no me caí.

Me asomé al mar y en lugar de ver mi cara reflejada en la luz de la luna... me encontré con la tuya. Me mirabas apagado, pétreo, sombrío. Y aunque me asusté porque tu mirada vacía me gritaba que ya nunca podrías salir, me sentí tranquila al darme cuenta de que si queríamos permanecer juntos para siempre, el único lugar posible era el mar. Así que me dejé caer, me sumergí en la oscuridad de ese mar que tanto habíamos compartido, me mecí en sus olas y te agarré fuerte de la mano, para que mi último suspiro acompañase al suspiro de la luna, cuando coqueta, se miraba en el espejo del mar.

Vidas

El jilguero gastó su única vida soñando con ser pajarillo de tuiter.

El gato gastó su primera vida imaginando sus siguientes vidas. Y se juró que no desperdiciaría ninguna más.

El gato gastó su segunda vida soñando con un ovillo de lana de color azul. El que tenía en su cesta era verde.

El gato gastó su tercera vida maullando bajo tu ventana. Y tú, en vez de escuchar su melodía, le dedicabas versos a la luna...

El gato gastó su cuarta vida contando estrellas.

El gato gastó su quinta vida buscando raspas. No era un gato demasiado espabilado. Murió de hambre pensando en su sexta vida.

El gato gastó su sexta vida preocupado porque su dueña tenía demasiados gatos. No quería que la llamaran "la loca de los gatos".

El gato gastó su séptima vida viviendo una vida de ratón.

Felicidad

El terror de enfrentarse a una hoja de papel. Lo he experimentado. Sé qué se siente cuando deseas rellenarla con innumerables frases y no puedes. El terror al folio en blanco. Lo he sentido. Duele como mil agujas clavadas en el alma, como martillos de hierro incandescente golpeándote en la cabeza, una mañana de domingo cualquiera. Como las cicatrices del corazón.

Fue un día de sol. Encerrada en mi casa, intenté poner en orden mis ideas, así, de golpe. Pero no me salió. Y me sentí tan mal… dentro de mi pecho ardían los deseos, latían las penas, pero mi mano temblorosa se negaba a plasmar todos esos sentimientos.

El sudor pronto llegó a mis manos, los nervios estaban a punto de hacerme gritar. Quería escribir y no podía. Quería llorar y no tenía un hombro amigo, quería salir de la agonía, de la tristeza, salir… para siempre.

Una vez un amigo me dijo que la felicidad no existe. No quise creerle, aunque en el fondo de mi corazón yo sabía que él tenía razón. Aquel día descubrí que la felicidad no puede ser lo contrario de la tristeza, puesto que la felicidad es imposible de lograr y en cambio, la tristeza es muy fácil de obtener.

Me sentí sola. Irremediablemente sola como tantas otras veces, pero en medio de esa soledad, una lucecita brotó de pronto. Mis manos dejaron de temblar y escribí una palabra: tesón.

Puede que la felicidad no exista, pero nunca debemos dejar de buscarla. No podemos perder la oportunidad de ser los primeros en hallar lo que toda la humanidad lleva siglos buscando.

Quizás no sea hoy, ni mañana, ni dentro de diez años cuando la encontremos. Pero algún día –estoy casi segura- llegará y aunque dure unos instantes nos compensará con creces por todos los malos momentos vividos hasta entonces. Las cosas malas se guardan ocultas en los cajones de la memoria. Las cosas buenas, permanecen, un olor, una imagen.

El temor a enfrentarse con un folio en blanco. Lo he sentido y duele. Lo he sentido y lo he superado.

Plural que…

Plural que enmascaras
Lazos que nos unen
Plural que evitas
Que nos hagamos ilusiones
Plural que disfrazas
Alegrías y penas
Plural que encubres
Sentimientos ocultos
Plural mayestático
A veces
Con indicios de plural común
Plural bendito
Que consigues
Que pueda ser yo misma.

Teléfono roto

El teléfono callado me recuerda
horas calladas
el sonido apagado me recuerda
silencios nerviosos, no reciclados.
El teléfono no suena.
Necesito oír el ring.
El teléfono ha perdido
sus sonidos encandiladores
sus notas chirriantes
que me traían noticias de seres queridos.
El teléfono ha enmudecido
no habla, no canta
no toca para mí.
Los nervios están a flor de piel
pero el teléfono no suena.

Lágrimas

Lágrimas.
Torpes, descuidadas, silenciosas.
Límpidas, terribles, saladas.
Lágrimas calladas, lágrimas ruidosas.
Lágrimas.

Lágrimas.
De alegría, de pena, o de rabia.
Lágrimas silentes por mis mejillas rosadas.
Lágrimas crueles.
Lágrimas.

Lágrimas.
Tal vez tiernas, o desamparadas, o solitarias.
Lágrimas culpables, ansiosas, fugaces.
Lágrimas derrotadas.
Lágrimas.

Caída libre

Me he tirado en paracaídas
y no se ha abierto
debería renunciar a volver
a tirarme en paracaídas.
Sentí el dolor de la caída,
y el miedo,
y la emoción al tirarme,
y en mi fuero interno
turbio, desaforado, negro
sé que volvería a caer
sin pensar, sin saber, sin mirar.
Oscura venda en los ojos.
pálpito intenso de mi corazón ajado.
Zozobré, americé.
Peleé contra las olas
y me ahogué.

Las horas

Una se pasaría horas y horas viendo el reflejo de la luna sobre el mar. Observando estrellas temblar en el cielo. Abrazada a un imposible entre la niebla. Charlando junto a un amigo al lado de una botella de vino. Contándole confidencias a una amiga, tumbadas en una cama o ante eternas tazas de café. Paseando por la playa con la mar lamiendo mis pies. Aspirando el humo dulce junto a una guitarra que vibra por Camarón. Indagando entre las historias de Poe, Wilde, Kafka... oyendo graznar a las gaviotas tumbada en la arena, viendo el sol ponerse una tarde del mes de abril.

Una se pasaría horas y horas besando una boca húmeda y tierna por primera vez. Luchando bajo las sábanas por ser el ganador en el juego del amor. Destripando el sentido de una frase filosófica, planteada por un singular profesor. Durmiendo a pierna suelta la siesta bajo un pino, lejos del sol abrasador de agosto. Imaginando, en un coche, con la música a tope, que estoy en un concierto. Fotografiando caras amigas y paisajes casi olvidados. Abrigándome con una manta junto a alguien deseado y sentir su cuerpo temblando al lado del mío.

Una se pasaría horas y horas compartiendo risas con seres queridos. Buceando en el mar de la pasión. Identificando objetos volantes en el cielo. Arreglando el mundo con utopías en buena compañía hasta el amanecer.

Respirando la paz de un cementerio un lunes por la mañana, cuando aún no hay nadie que rompa el silencio.

Una se pasaría horas y horas viendo llover a través de la ventana. Viendo nacer un potrillo o un ternero o un niño.

Una se pasaría horas y horas mirando tu rostro dormido.

Escribiéndole versos a la luna. Escuchando a un amigo hablar sobre amor, sobre la vida, sobre la muerte. Visitando iglesias para intentar comprender, visitando mezquitas para admirar, visitando sinagogas para casi llorar, visitando por último a un psicólogo que me sepa explicar qué le ocurre a la gente. Los locos son los demás.
Una se pasaría horas y horas escuchando a un sabio hablar. Mirando a un niño reír. Sintiendo tu cuerpo sobre el mío y tus manos en mi rostro, siguiendo con tus dedos el contorno de mis labios.

Una se pasaría horas y horas mirando un teléfono, esperando que un oído amigo me quiera escuchar. Cultivado un huerto. Acariciando a un perro. Haciendo un muñeco de nieve. Suspirando.

Y escribiendo, sobre todo, escribiendo.

De tanto…

De tanto tuitearte, me quedé dormida.
De tanto mirar tu perfil, ganaste mi corazón.
De tanto amar, me quedé ciega.
De tanto vivir deprisa, se me olvidó seguir sorprendiéndome.
De tanto soñarte, terminé viviendo una pesadilla.

Las 4.11

Una tras otra, las horas caen, arrasan mi sueño, deslizan mi alma hacia la locura. Una tras otra, las horas atacan mi mente, obtusas, negras, despiadadas.

Sueño, despierto, intento volver a dormir.

Sueño, alimento ilusiones, fantasías, deseos vanos y desesperados.

Caigo de nuevo en un duermevela intenso, con pesadillas donde tu cara y la música se entremezclan, me anestesian, me consumen.

No puedo dejar de mirarte. Te veo, en lo alto, para mí siempre estás en lo alto, en un pedestal. No puedo dejar de adorarte. Tan chiquillo, tan tierno, tan irónico hasta contigo mismo...

Me miro dentro de tus ojos y me entra sed. Me angustio, porque no puedo beberte. Me aniquilan las hormonas, el calor... malditas convenciones sociales, maldito ruido en mi cabeza.

Mañana, las Lágrimas de San Lorenzo caerán sobre nosotros, raudas, fugaces, quemándolo todo. Ojalá quemaran también el mundo, lo arrasaran y nos dejaran tendidos, a ti y a mí, Adán y Eva de un nuevo horizonte.

Noches de sidra y rosas

Quiero, quiero y no puedo. Me acerco, me alejo, patino. Soy sutil. No quiero asustarte. Digo cosas que comprendes solo tú. Y tú las dices para mí.

Sueño, tengo pesadillas, me desespero. Vivo en la incertidumbre de perderme en tus ojos, de ser tu elegida, de que me ames en silencio, en la distancia, a lo largo del tiempo. A través de los años. Siempre estás ahí, pase lo que pase. Y le pese a quien le pese.

Hoy trataré de acostumbrarme a tu ausencia, luchando para que tu cara no se mezcle con otras caras, deformándote. Hasta que vuelvas. Hasta que beber sidras deje de significar Asturias para traer tu rostro a mi mente.

Y rosas, muchas rosas. En mi cabeza, un lecho con pétalos de rosas. Y nosotros abrazados, fuerte muy fuerte. Fundiéndonos para siempre. Para que nunca te vayas. Para anclarte a mí, a mi mundo. Para que podamos ser nosotros mismos, acabar con todo. Para que mirarnos fijamente a los ojos sea lo lógico, lo normal, lo que deseamos hacer a cada minuto.

Para que sentir nuestras manos, una junto a la otra, o sentir nuestros brazos pegados, nuestros pies entrelazados, nuestra alma conectada, no sea doloroso y cruel.

Sé que hubiéramos querido querernos. Pero no nos dejaron. Sé que hubiéramos querido compartir confidencias, ilusiones, ciudad. Pero la vida, nos dio tantas vueltas que acabó engulléndonos como una serpiente. Maldita sea, que dirías tú.

Ya está todo dicho

Sed. Frío. Susurros. Odio que me digas que grito, porque a tu lado, es cuando más evito hacerlo. Y lo sabes.

Hubiera preferido que en lugar de dejarme a la puerta de la casa y huir como si hubieras visto un fantasma, te hubieras atrevido a decirme: Si, siempre ha sido así. Y siempre será.

Pero supongo que para ti está todo dicho ya. Crees que soy lo suficientemente inteligente como para interpretar cada una de tus palabras y saber exactamente lo que quieres decirme, pero a veces, me vuelvo un poco loca.

A veces me gustaría poder sentarte delante de una taza de café, o de una cerveza, y escucharte. Escuchar todo aquello que me dices con miradas e indirectas y que nunca sé si es mi imaginación la que planea por la mentira, o son tus cúmulos de verdades las que parecen una amalgama de falsedad. Necesito que me lo aclares.

Nunca me han gustado las princesas, nunca he querido un príncipe azul. Me bastaba con el caballo y el paje, me sobraba, nunca he necesitado más. Pero mirarte me provoca dolor y los kilómetros dudas. Y entonces, me desnudo de sensatez, arrojo mi cordura por la ventana y deseo con fuerza que aparezcas, me cojas de la mano y me secuestres, me lleves lejos, te olvides de todo lo demás y solo importemos tú y yo.

Así, solo así, sería la única manera en que todo estaría dicho.

Lo divino de escribir

A veces creo que escribo para conseguir ser alguien importante, para borrar con mi huella la huella de otros, pero en el fondo escribo para que mi alma no muera, para desahogarme, para que el viento no me deje sin tristeza.

Si no me carcome la pena, no soy nada, mis manos son torpes y la letra se desvanece. Si no me atormento no puedo escribir. Y la felicidad me enturbia las páginas, me desconcentra, la felicidad mata la inspiración.

Algunos necesitan amor, otros filosofan sobre la vida, los más se inventan lo que cuentan. Yo necesito sufrir. Y me psicoanalizo hoja a hoja, me juzgo. Creo, aunque no estoy segura de ello, que en la pena está la clave.

No se trata de masoquismo espiritual, ni de locura, se trata simplemente de un estado de calma, de sentimientos que reflejados en el frío papel, me tranquilizan el alma, escribir me hace sentir bien. Es como soñar, pero con los ojos bien abiertos, es como volar. Llegar al infinito rozando la eternidad y con el halo divino del misterio confundirme en una explosión onánica de estrellas y luceros. Y ver formarse a los planetas con el crudo boom de la imaginación.

Eso es escribir. Es sentirse libre, descubrir todos los secretos, llevar al final del caos toda la ilusión. Es vivir poco a poco, aunque a veces, ligeramente, la tristeza y la tranquilidad se confundan y no sepa seguir tras un punto y coma. Escribir es notar en el aire como te observan las hadas y musas del cariño, ver en el viento a un gigante bueno, que el mar te bañe a través del tiempo. Escribir es amar todo lo bello y llorarle a lo eterno, para seguir siendo yo, para convertirme en eterna y así escribir siempre, escribir para todos y para siempre.

No me importa que mi huella no impresione en esta tierra o en el lado oscuro y frío, sólo me importa escribir por todos los beneficios que me reporta. Purgar mi alma y estar segura de que he creado algo, sea lo que sea y ayude a quien ayude.
Sé que no borraré la huella de nadie porque la creación siempre es imperecedera, nunca muere. Y eso también es un lujo dentro de lo divino de escribir. Y eso también me hace sentir feliz, aunque me robe un trozo de inspiración.
Ojalá el no hacerme importante me sirva para ser más consciente de que la felicidad está en considerar que la propia tristeza es inherente a los sucesos, que es secundaria ante la de los demás, ojalá me haga ser tan humilde o más de lo que soy ahora y no anhelar alegrías que más tarde se volverán contra mí.
Si estás siempre triste, descubrirás cómo ser feliz sin sentirte desgraciado, y sin preocuparte porque un día pueda llegar la tristeza.
Prefiero seguir escribiendo para mi sola (¿para qué aburrir a nadie más publicando un libro?) y ser mejor persona, que regalar mis neuróticos pensamientos, y también los depresivos, sólo para enriquecer las arcas de mi cuenta bancaria (que por cierto, tener una hipoteca está dejando bastante minada).

La luna me sabe a poco

Las noches que no hay luna, son noches raras, oscuras y siniestras. Las noches que no hay luna son noches perdidas, extrañas de sí mismas, sencillamente dolorosas.

Asomarse a la ventana y mirar el cielo negro, recuerda las negruras de los mares eternos, de los océanos perdidos, de la inmensidad constante del universo. Asomarse a ese cielo, es ser consciente de lo pequeñito que es uno. No está la luna para recordarnos que hay algo cercano y accesible a ese lado. Asomarse a un cielo sin luna es sentirse irremediablemente perdido. Chiquitito. Insignificante.

Luego están las estrellas, tililantes, lejanas, burlándose de una, riéndose cada vez que un humano intenta adivinar a la distancia que están. Ellas, ajenas a todo, se sienten superiores. Y lo son, allá en lo alto.

Las noches que la luna crece, poquito a poco, camino a la plenitud de su ser, aumenta poco a poco mi entusiasmo. Sé que solo tendré que esperar unos días para ver la farola gigante reinando en el cielo.

Las noches que, en cambio, mengua... son tristes y depresivas. Ves como la ilusión que desbordabas con la luna llena se extingue, se evapora, huye...

En mí, es cierto eso de que la luna afecta mi estado de ánimo. En todos los sentidos. La luna llena me encuentra pletórica, insomne, me sube la libido y la energía fluye tal como si me encontrara en plena adolescencia. Mi corazón late desbocado. Tengo ganas de hacer cosas, sobre todo, explotar mi parte creativa. Pintar, escribir, fotografiar... da igual que sea invierno que verano, me siento bien.

Luego están esas noches, sobre todo estivales, en que la luna me sabe a poco. Necesito más. Te necesito a ti. Necesito tus manos recorriendo mis recovecos, tus labios besando mis secretos. Necesito que me mimes y que juntos, nos burlemos de las estrellas devolviéndoles la pelota y nos preocupemos de las fases de la luna. Necesito música alta, vibrando en mis venas. A veces, incluso me entran unas ganas locas de salir corriendo, quemar toda mi energía bailando, saltando, gritando. Necesito música en directo. Solo así recupero la cordura.

Bilis e ira

La bilis llega tras la patada en el estómago. Sin avisar, sin miramientos. Ácido intransigente e intolerante. LSD febril.

El dolor me retuerce, me sumerge en un éxtasis de locura. Cada gota de sangre, cada rastro de sudor entremezclado, y el olor de la furia... Me incorporo, casi sin pensar. Soy una fiera en la selva, observando a su presa. Soy un monstruo insaciable.

Me da igual todo lo demás. Sé que ahora la patada la voy a dar yo. Y no en el estómago precisamente. Me enerva la ira. Ni siquiera sé por qué nos enzarzamos en la pelea. El olor a sangre me excita, me enloquece. Y el sabor de la bilis hace que sienta aún más odio.

Lanzo el golpe con todas mis fuerzas. Acierto en el blanco. Suciedad imperante en la atmósfera. Creo que le he roto un par de dientes. Si, los escupe, escupe sangre también.

Ahora tengo que aguantar su embiste, su contraataque. Lo peor es no saber cuándo va a llegar, siempre al acecho, se esconde y ataca cuando menos lo esperas. Te sorprende cuando más indefenso estás.

Puta vida, siempre me coges por sorpresa.

Trinos

Tumbarme en la cama e imaginar cómo duermes tú. Y tú. Y tú. Y tú. Y tú. Si, ya sabéis quiénes sois.
Pequeñas palabras que alegran mi alma a diario. Os imagino descansando, sobre las camas, colchones de plumas, edredones calentitos, protegidos, tranquilos... yo velo por vosotros.
Durante el día, comparto trinos, comparto ilusiones, comparto miedos, noticias, risas... comparto la vida. Durante la noche, unos pocos velamos por los demás. Yo, por ejemplo, mantengo el rabillo del ojo en el *timeline* mientras Morfeo intenta engañarme y atraparme en sus redes. Hay días que lo consigue antes, pero entonces, el insomnio de otro ocupa su puesto ante la pantalla, grande o pequeña, y mantiene viva la ilusión.
A algunos, les damos unos días de tregua, esperando, leyendo con atención, viendo si nos gusta lo que escriben y cuando nos queremos dar cuenta, nos han llegado tan dentro que es imposible dejarles marchar. A otros, ni siquiera les seguimos. Leemos sus biografías y pensamos, no me interesa, no lo necesito. Información redundante. Pero otros habrá que piensen lo contrario. Esa es la magia de estos trinos, hay sitio para todos y nunca te sientes solo.
Unos trinan sobre la vida, otros sobre política. Los hay que trinan sobre deportes y apoyan como legión a grandes hombres.

Los hay que cuentan sus desventuras, sus alegrías... hay trinos que simplemente, buscan hacerte reír. Y luego, están mis preferidos, trinos que cuentan cuentitos que en vez de cuentos acaban contando sueños. Ironías al cuadrado. Reglas de tres de la literatura. Personajes encerrados en 140 caracteres.

Hay trinos que cuando se silencian, los añoras. Esperas, día tras día, leer unas palabras de ese pajarillo. Y preguntas, indagas... y un día, regresan, con más vivencias que contar, más tristes a veces, más alegres quizás. También ocurre al contrario, cuando no te lo esperas, no sabes que eres un trino querido, alguien especial para alguien. Y eso te sorprende, te agrada, y te ayuda a crear vínculos fuertes con todos esos ruiseñores.

A algunos, les conocías antes, a otros acabas desvirtualizándolos. Y el placer de darte cuenta de que no ha sido un acontecimiento nuevo, ni aislado, sino que se parece más a un reencuentro, es indescriptible. A otros, no les conocerás nunca, años luz de distancia lo impiden. Pero forman parte ya de tu vida... a través de los pequeños trinos, cánticos minúsculos dándote los buenos días y las buenas noches. Contándote noticias del otro lado del mundo, animando días de lluvia, aburridas tardes de domingo, o lunes al sol.

Llevo viajando entre estos trinos algo más de dos años. Y creo que será el viaje más largo que voy a hacer. Me va a llevar toda una vida.

La de los días de lluvia (dos microcuentos)

1.

- La de los días de lluvia. Ponte esa.
Mi madre siempre me decía lo mismo cuando era una niña. Ahora, soy yo la que doy indicaciones a mi hijo de seis años cuando llueve.
- Daniel, cariño, ponte esa, la roja, la de los días de lluvia.
Daniel ya lo sabe. La cazadora roja. La vieja. La ideal para saltar en los charcos del parque, la que a Mamá no le importa que se ensucie.

2.

La de los días de lluvia. Esa es la cara que traigo hoy al trabajo. Como siempre, mi jefe y mis compañeros se quedan mirándome atónitos, expectantes, yo diría que hasta con una pizca de miedo.
- A ver con qué nos sorprende hoy ésta loca - seguro que piensan.
A mí ya me da igual, después de cinco años, me he acostumbrado. Yo, voy a seguir trayendo al trabajo esta cara cada vez que llueva. Una gran sonrisa de oreja a oreja.

Siete años después

Hoy he bajado al mar. Paseé por la playa mientras el agua me lamía los pies, fría, imperturbable, silenciosa. Ni siquiera la notaba, pues mi cabeza era un torbellino de deseos y destrezas que un día fueron alegrías. No podía pensar, pues los indelebles recuerdos iban y venían, se entremezclaban cómo se pelean por salir, por llegar primero a mis ojos en forma de lágrimas. Sólo estaba segura de que le echaría de menos. Sólo sabía que quizá nos volviésemos a encontrar, sí, algún día...

Y mi cerebro seguía trabajando, como una olla a presión. Él ya no estaba conmigo, no le vería más. Se había ido. Y ahora era como las gaviotas que, indemnes, volaban sobre mi cabeza. Eran libres, y quizá el también estuviera cerca del cielo.

Han pasado siete años pero aún lo recuerdo. Y no sé por qué, después de tanto tiempo, logro recordar cómo fue. Como sigue siendo en mi corazón. Pero necesito pensar en él para saber que, aunque todos nos vayamos algún día, seguiremos vivos en el corazón de los que más nos quisieron. Me basta con recordar su nombre para pensar con firmeza que me gusta vivir, aún a pesar de las guerras, y de todas estas vicisitudes de la vida que hemos de pasar.

Seguí caminando hacia las rocas, y me senté en una de ellas observando el mar y las geodas, las olas chocar contra los arrecifes, escuchando el triste sonido del mar.

Quería preguntarle, como en la poesía, a los peces, al mar, quería preguntarle al viento y a las gaviotas, pero sabía que lo único que recibiría por respuesta sería el absurdo y desgarrante grito del silencio.

Quería preguntar por qué se muere, por qué todo tiene que acabar alguna vez, quería preguntar quién inventó la palabra fin. Pero nadie puede responderme, porque todos se preguntan lo mismo que yo.

No puedo describirle porque yo era muy pequeña y casi no recuerdo su rostro, sólo sé que lo quería y él no quería mí. Sólo sé que, de seguir con vida, sería uno de los que mejor podrían comprender mis sentimientos. Pero la vida es cruel y egoísta y siempre juega sus mejores cartas, no puedes hacerle trampas. Es como una partida de mus, en la que ella siempre tiene el órdago ganado y tú, con las peores cartas no puedes ni siquiera envidar.

Se me pasaban las horas, allá en la playa, filosofando sobre la vida y la muerte, y acordándome de él, de mi abuelo. Y casi sin darme cuenta el sol empezó a desaparecer por el borde del mar. Le dije adiós a mi mar y volví a casa, caminando entre flores indehiscentes que esperaban ser cortadas por una pareja de enamorados, o que tal vez, una chiquilla recogiera para su abuelo. Así que, miré por última vez al rojizo sol que se despedía del día, y mientras una lágrima recorría, silenciosa, mi mejilla, sonreí pensando que tal vez, sí tal vez, un día volveríamos a encontrarnos.

Agua

Agua de mar, sal en mi cuerpo. Gotas de lluvia, alegría en mi rostro. Ríos de mi infancia, lagos de agua helada. Pequeñas fuentes heladas, pozos artesianos que riegan verdes vegas, canales de agua dulce hidratando las huertas de este pequeño pueblo.

Glaciar Perito Moreno de mis lunas de miel, océanos de tu mirada, verdes. Pequeños regueros serpenteantes, balsa de aguas profundas sobre la que nos asentamos. Embalses de barrios de luna, que esconden pueblos abandonados por el paso de los años. Edificios por entre los que paseé, un día de infancia, cuando el embalse se vació por culpa de la sequía.

Goteo incesante que edifica estalactitas que construyen estalagmitas que tras el paso de millones de años erigen cuevas perdidas y profundas surcadas de ríos subterráneos de agua.

Hasta el desierto está lleno de agua. Torrentes, tormentas, ciclones, tifones, tornados, vendavales, torbellinos, galernas, trombas, tempestades, borrascas...

Cantidades ingentes de agua que se desperdician en tantos sitios... Cantidades preocupantes de agua que FALTAN en demasiados sitios...

Somos privilegiados por amarnos rodeados de agua, somos afortunados por haber crecido junto al mar. Somos bienaventurados por poder abrir un grifo, rectifico, por tener un grifo para abrir, y que de él, salga agua. Y no voy a entrar en el lujo que supone que encima, salga caliente.

Este artículo fue escrito el 15 de octubre de 2010 con motivo del Blog Action Day, dedicado en esa ocasión, al Agua.

Versos tristes

Bicicletas viejas en desvanes olvidados.
Juguetes rotos debajo de la cama.
Un teléfono anotado en alguna parte.
El recuerdo. Mordiéndome.

Una hoguera de ropa ardiendo,
junto a la casa.
Humo gris negruzco, que significa despedida.
Cajas de galletas llenas de fotografías
viejas, en blanco y negro,
en sepias descoloridos y formatos olvidados.

Un columpio rojo,
de cadenas aseguradas a las vigas de madera.
Las tardes en el río.
Los churros de los sábados por la mañana,
los pollitos de colores en el mercado.

Coger guindas maldiciendo a los mosquitos.
Parrillas de julio y agosto.
El temor a los toros, en las fiestas,
con nuestros pañuelos rojos atados al cuello.

Y colores, siempre pinturas de colores.
Murales acrílicos, cuadros al óleo.
Y libros, infinidad de libros a mi alrededor,
a todas las edades.
Desde los cuatro años, siempre leyendo.

Colores que pintaron mi vida.
Libros que escribieron mi historia.
Mi infancia entre dos pueblos.
El inicio de mi familia, mis abuelos.

Laberinto

Ya no escribo para ti. Perdóname, pero es así. Tu carita de niño se confunde entre las sombras, el pasado se ve borroso y nuevos vientos otoñales traen frescas primaveras, malvas, rosas, naranjas y hasta añiles.

Ya no escribo para ti. Otros ojos se clavan en mi espalda y otros labios besan los surcos de mis cicatrices. Ya no escribo para ti. Otras manos escriben en mi alma canciones de amor inacabadas, perpetuamente rotas, con acordes de mandolina italiana.

Pienso que hace una tarde perfecta de sofá y manta. De chocolate caliente y de cuerpos retozando desnudos bajo un edredón. Y sólo me apetece compartirla con el cielo, como luna que soy.

No sé qué me ha pasado. Me he metido en un laberinto y ya no sé salir. Se me olvidó dejar atado fuera un cordelito que me recordara el camino a la salida y me he enredado, hecha un lío estoy en el centro del laberinto. Y se suponía que yo era Ariadna y tú Teseo, aunque me sienta más como el Minotauro, herida por el propio Teseo, y casi muerta, con el corazón atravesado por mil flechas que ya no sé quién disparó. Quizás fuese Cupido. Ese pequeño hijo de la gran puta. Quizás un Eros envidioso y mezquino. Quizás un látigo que se guardaba el destino, guiándonos a ciegas tras huellas que desaparecen en la arena bajo la marea.

Ya no escribo para ti, no te engañes. Ahora le escribo al cielo, al universo entero. A unos ojos que no saben mirar más que a la luna llena, y que susurran palabras eternas.

Hasta otro agosto febril, sello mis labios y ato mis manos. Ya no habrá más poesía, ni más prosa para ti. Voy a disfrutar de este otoño como si fuera primavera.

Ven

Ven.
Acude a mi llamada.
Sílbame si me necesitas.
Sal a la calle y grítalo a los cuatro vientos.
Vámonos lejos.
Secuestra mi alma.
Escríbeme notas y cuélgalas en la nevera.
Llena la casa de velas.
Hazme un camino con pétalos de rosa.
Cubre nuestro lecho con flores.
Ámame sobre todas las cosas.
Llámame ¿necesitas mi ayuda?
Estoy ahí, y lo sabes.
Siempre estoy ahí.
Preparemos las maletas para un mundo nuevo.
Crucemos el charco.
Durmamos la mañana hasta que el sol nos haga cosquillas en la nariz.
Hagamos el amor bendiciendo habitaciones.
Ven.

Ciprés

Impávido ciprés, flecha puntiaguda que el cielo rozas
llanto agonizante que en el silencio explota
susurros, lágrimas, gritos y el desfallecer de una madre.
Miras la escena como un dios olvidado, silencio,
pasa el sacerdote con su voz quebrada
y bendice en latín la negra caja.
Hombres y mujeres caminan callados
pero no te ven, al pasar a tu lado
todos tienen sus ojos de lágrimas empañados
alguien sostiene a la esposa en los brazos.
Un niño camina en silencio, pensando
y una lágrima cae por su rostro rosado.
Hace frío, ciprés y mueves tus manos
al son del viento, al son de la caja
llevada hacia el nicho con pies cansados
acompañado por llantos, lutos y salmos.
¿Qué ves, ciprés, allá en lo alto?
¿Ves quizás el cariño que le tienen al muerto?
¿Ves paz o ves lamentos?
Ciprés callado que escuchas las penas de los hombres
contesta mis canciones, contesta mis plegarias
dime si lloran por mí o dime si no existe el dolor
ciprés perdido que todo lo ves
dime si mi tumba será visitada alguna otra vez.
- ¡Habla! En este invierno frío
de la imagen del pueblo mío.-
Y el ciprés soñoliento, triste y cansado,
con un llanto de lluvia contestó callado.
Habló de los vientos fríos de invierno

habló de las nieves que lo cubrirían
luego sonrió al recordar el verano
y la amarga tristeza que la primavera traería.
Le habló de las flores entre las tumbas y nichos
le habló de los hombres que sí volverían
le habló de cuidados a la fría roca que sobre él yacía
le habló de la lluvia que se filtra en la tierra
y alimenta al ciprés que alimenta a los pájaros
y que cantan canciones en un idioma extraño
que hace olvidar a los muertos, su triste estado.
Y el de la caja negra sintió alegría al fin
¡pues era cierto lo del paraíso feliz!.

Febrero de 1996 (cosas que se me ocurrían con 18 años... sin retoques, así que espero sepáis disculpar cierta ñoñería...)

Clímax

Manos entrelazadas
manos ardientes
manos que acarician senos
manos que agonizan
perdiéndose en la humedad de un gemido.
Labios que besan párpados
labios que buscan secretos dormidos
entre mis piernas
labios susurrando te quieros
apagados por el frío.
Piernas atadas a otras piernas
pies helados buscando calor.
Sexo urgente y desesperado
en cada lucha bajo las sábanas.
Ojos perdidos en el cristal traslúcido de otros ojos
pestañas enredadas en las mías
espejo del alma tatuado en mi piel,
deseo contenido durante días
para volcarlo suavemente en mis noches.
Espaldas tersas curvadas por el placer
sentimientos confusos al alba
¿uno más? o mirarnos suavemente...
Lenguas buscándose húmedas y tensas
lenguas lamiendo pezones,
recorriendo tu cuello,
bajando lentamente para recrearse en tu ombligo.
Y seguir el viaje al sur. Clímax.

Niebla

Las calles cubiertas por la niebla, densa, blanca, somnolienta. Ella corría mirando atrás de vez en cuando, pero no asustada, sino esperando verlo aparecer como una sombra.

Las hojas caídas de los árboles teñían de marrón el otoño y se desdibujaba la sonrisa de la tarde, encontrándose lentamente con la noche, apagándose, adormeciéndose.

Llegó a la estación cuando aún faltaban 5 minutos para la salida del tren. Dudó si subirse o esperar a la última llamada. Todavía soñaba con que él llegara a impedirle la partida.

Fueron cinco minutos frenéticos, agónicos, que se pasaron en un suspiro. Un revisor pasó junto a ella y le advirtió de que lo que se oía por la desgastada megafonía de la estación, abierta, al aire libre, era la última llamada para su tren. Con lágrimas en los ojos y abriéndose paso entre la niebla, subió al vagón, y se acomodó junto a la ventanilla. Un minuto más. Él tenía que aparecer.

Y de pronto lo vio, salpicando la opacidad de la neblina con su jersey de colores. No pudo aguantar más. El corazón le latió desbocado y su cuerpo, como un resorte, se puso en pie. Bajó al andén de un salto y corrió hacia él. Estaba de espaldas, jugando con el paraguas amarillo, a modo de bastón, repicando en los adoquines alegremente. Puso una mano en su espalda. Él se dio la vuelta despacio. Y entonces ella notó que el corazón se le paraba en el pecho. Otro rostro la recibió sonriente, otros ojos la miraban sorprendidos y otros labios preguntaban amablemente si la podían ayudar en algo.

Desesperada se giró, mirando el tren. Y solo alcanzó a ver la cara que esperaba ver detrás del cristal de un vagón que se alejaba...

A vueltas con la uve

Verte, que te quiero, verte. Vivo en valles vastos y verdes, sin vértigo ni vanidad...Valiente verdad. Vetusta vehemencia. Vergüenza vetada. Vomitiva violencia.

Vana vida si vivo sin verte. Vuelo vacía de vino y veneno. Viajo al volcán de tu vientre visceralmente. Soy vehemente en mi verdad. Vuelve. Vino en las venas.

Vuelvo a verte vagando por la vida. Vuelvo a venerarte como al viento. Vuelvo a viajar hasta tu vientre. Vuelvo a vaciarme en tu veneno. Visita mi vientre con valentía .Viste mi vulva con vientos de vehemencia. Vacía mi vista de vanidad y violencia, y viaja por mis venas vertidas. Virtud vestida de vicio. Venda que vela mi visión. Volcanes vertiendo virutas de vida. Vértigo que vence a mi valor. Vuela esta vida conmigo... Vestigios de una vida no vivida vuelven a velar mi voluntad. La venda que viola la visión, vacila ante la vehemencia de la verdad. .

Mi vida varía con solo verte. Vertiste tu veneno en mis venas y volé con el viento hacia una vida de verdad. Viajé entre vaporosas virutas y no vacilé, fui valiente. Verano veloz, vetusta y vana voluntad, virtud venial venerarte. Veneno en las venas, vértigo visual. Versos violentos y vacíos, vidas que vagan vacuas. Vinagre como veneno en las venas, vestigios de voluntades vedadas. El veneno de tu virilidad, vuela por mi vientre, venciendo a mi virtud. Nave que vino de vuelta, navega por mis venas convulsas. Volcanes violentos, verdes envidias. Vida. Vislumbras el vientre de tu vanidosa Venus, vestida de violetas y verdes. Veneno violento, el volcán de la voracidad. ¿Verdad o envidia?

Bonus track:
Yo me visto con el violeta de la verdad.
Tú te vistes con el verde de la vergüenza.
Una vida vagaba, y quería viajar.
Viento vencido que no vuela.

Nota: No sé si fue primero el insomnio, o twitter. Desde luego, para mí esta ha sido una noche en blanco, en la que dormí apenas media hora. En blanco para el sueño, en creatividad, considero que ha sido muy, pero que muy productiva. Insomnio se escribe con uve.

Abecedario

Amola
brutalmente
como
dorada
espiga,
febril,
gentil,
hábito incólume,
jadeo kilométrico,
locura maldita,
nunca olvidó perdonar,
quizás responsablemente
sopesó tomar un voluptuoso whisky,
xenxis y zozobró.

Me rompo de amor

A veces, te miro y no me creo que hayamos llegado hasta aquí.
Te miro, y siento que llevo una vida contigo.
Te miro, y solo pienso en besarte, tocarte, sentirte...
A veces, te miro y no me creo que estés a mi lado.
Me rompo de amor.
El corazón se estrecha y se ensancha en cada latido,
como vaivenes de las olas cuando sube la marea.
A veces, busco tu cuerpo a mi lado, en la cama
y descubrir tu calor me hace sentir feliz
y entonces, te giras, me abrazas, susurras que me quieres
y yo, me rompo de amor.
A veces, me miras en la penumbra de los bares,
como antes, como cuando creíamos que era imposible.
Y siento que somos uno, que somos invencibles
y sí, claro, me rompo de amor.
Y entonces tú, sellas con un beso mis fracturas,
las grietas en el alma, las esquinas melladas de mis miedos
y me curas, me cuidas, me salvas.
¡Qué placer romperse de amor!

Armarios

Hazme un sitio en tu armario
Hazme un hueco para el cepillo de dientes
Desata los nudos de mis cordones
y reserva un estante para mis libros.
Cuida de este amor prohibido
Hagamos que alcance su libertad
Que deje de ansiarla para obtenerla
Que deje de anhelarla y de luchar.
Necesito tus ojos todas las noches
Clavados en mi memoria, en mis recuerdos
Necesito estirar mi brazo cada mañana
Y descubrir que estás ahí, en tu lado de la cama.
Guarda un rinconcito para los miles de zapatos
¿y dónde coloco las cremas, los perfumes, los pintalabios?
Con los que cubrirte de besos las mejillas
Con los que pintarte te quieros en el espejo.
Y un sitio especial en la mesita de noche
Para ese cuaderno donde te escribo estos versos
Donde anoto las ideas y los sueños robados
Cuando por tu ausencia negocio con Morfeo.

Tonterías

Un alma perdida es un alma a la deriva, como un velero zozobrando en mitad del mar, mecido por las olas y sin rumbo. Un alma rota es un alma hecha pedacitos por la lluvia, como cristales quebrados en mitad de una tormenta, como una botella que estalla al caerse al suelo.

Un alma cansada es un alma asediada por las dudas, machacada por las incertidumbres, perdida. Así que todo es una rueda. Un alma cansada está perdida e invariablemente, acaba rompiéndose en pedazos.

Yo me puedo perder en el instante en el que me miras, sin cansarme, sin romperme. Creo que es en el único lugar que puedo perderme sin que me sucedan esas cosas. En tus ojos, en tu mirada traslúcida, en la inmensidad de tus pestañeos.

Un alma torturada es otro tipo de alma. La vida le ha dado puñaladas, patadas, puñetazos... Algunas veces me sentí así, y luego me di cuenta de que no era cierto. Que viví las más de las veces entre algodones, y que cuando la vida ha empezado a darme ostias, a duras penas he sabido mantenerme en pie. Me duelen tonterías, comparado con África. Me duelen tonterías comparado con niños hambrientos, esclavizados, en Asia. Me duelen tonterías comparado con mujeres que deben vender su cuerpo para sobrevivir, para mantener a sus familias, para conservar la vida. ¿Te interesan esas tonterías que me duelen? ¿De veras quieres saberlas?

Hoy mi corazón se queja por una tontería nueva. Quisiera no sentirme herida cuando abanicas pensamientos y los llevas lejos. Cuando al observarte no puedo entrever en qué piensas y te imagino lejos de mí. A veces quisiera gritarte que vuelvas a mi lado, que verte pensativo me hace sentirme excluida y duele

tanto que únicamente quiero abrazarte y besarte y sentir tu piel junto a la mía.
La tristeza se apodera durante un minuto de mí. La combato con conversaciones vacuas, con risas tontas, pero a veces, una lágrima inconsciente se me escapa. Y le doy la bienvenida como buena anfitriona. Me dejo llevar. La tristeza no siempre es mala. A veces, hace que me siente frente a una hoja en blanco y le escriba versos al viento.

Sueños

Soñé ser cada uno de los motivos de tus suspiros,
la imagen que se dibuja en tu mirada,
el recuerdo que hace asomar una sonrisa a tu rostro.
Soñé ser aquella por quien no duermes por las noches,
en quien piensas a todas horas,
a quien tienes presente en cada acto cotidiano, cada día.
Soñé ser tu luz, tu luna, tu aurora.
Una estrella que ilumina cada paso en tu noche eterna.
Y luego te soñé a ti, tan cálido, tan tierno, tan dulce...
que nunca acabé de creerme que existieras de verdad.

Cuando...

Cuando las dudas cóncavas evolucionan y se tornan convexas.
Cuando la transformación de un arco nos lleva a encontrar la tangente de nuestros cuerpos.
Entonces, el mar se seca y la sal nos petrifica los huesos.
Revolcarme en tu alfombra soñando que no hay mañana,
conducir mis deseos por esquinas recónditas,
susurrarte cada mañana un "te amo" plagado de besos.
Cuando caminar entre las nubes es jugar con silencios.
Cuando el algodón de azúcar de tus labios
hace vibrar mis sentidos y calienta mis manos heladas.
Entonces, la lluvia cae sobre mi rostro y sonrío.
Acariciarte la espalda, hacerte cosquillas, susurrarte al oído.
Bailar con los ojos cerrados, escuchando a las estrellas.
Envidiar a la luna porque ilumina tus ojos cansados cada noche.
Envidiar el resplandor que irradia sobre ti,
sobre tu cuerpo tibio, sobre tus uñas quebradas.
Mirarte en silencio mientras duermes,
y en medio de la madrugada,
besar tus párpados, que sueñan con lugares lejanos,
vidas mejores, utopías en las que construir un futuro mejor.
Cuando la ropa sobra, la piel sobra...
y solo son necesarias nuestras pupilas mirándose fijamente.
Cuando las tormentas de tu mente se disipan ante mis palabras.
Cuando dudar es absurdo e inútil, y aún así probable,
déjame acariciarte el alma y recordarte
que nada puede derrotarnos.

Siempre jueves

Es tan difícil parar el tiempo
Pero a tu lado todo es eterno
Déjame decirte cuanto te quiero
Déjame mostrarte con lo que sueño
La vida no se equivoca
Todo lo que sucede, sucede ahora
Cada uno por su lado
Melancolía infinita
Certeza maldita
Media vida es demasiado
Para vivir separados
La vida es un jueves
Retales simplificados
Puntos y seguidos en cada mirada.
Siempre jueves.

Obscenos sueños rotos y perdidos
Marcha atrás interrumpida
Por acordes lejanos y solitarios.
Un noviembre que parece abril
Silencios rotos por besos
Ascensores sin parada fija
Pensamientos entrecortados en cada sonrisa
Te quieros ilimitados.
Todos los días son jueves
A tu lado siempre es jueves
Mitad de la semana,
Sin comienzo ni fin.
Siempre jueves.

Demasiado tarde

Demasiado tarde para palabras perdidas,
Demasiado tarde para miradas cautivas,
Demasiado tarde para olvidar quienes somos,
Demasiado tarde para cerrar bien los ojos,
Demasiado tarde para un frente a frente,
Demasiado tarde, sonriendo entre dientes,
Demasiado tarde para que escribas canciones,
Demasiado tarde para albergar ilusiones,
Demasiado tarde para curar esta herida,
Demasiado tarde para la vida.

Melodía triste de piano

Caminaba lentamente, aquel día iba a estudiar. Había pasado miles de veces por allí y sin embargo nunca había oído aquel maravilloso sonido, aquella melodía. Era un piano, sí, un piano. Adoraba los pianos porque también ella, alguna vez soñó con aprender a tocar uno. Le gustaban sobre todo porque tenían un maravilloso sonido, que una vez dentro de la mente es imposible sacar.

No conocía la pieza que el desconocido pianista tocaba, así que se dejó llevar por la música, mientras caminaba cada vez más despacio, más y más lento para no alejarse demasiado de la ventana de donde procedía la música. Instintivamente, miró su reloj y se dio cuenta de que se le estaba haciendo tarde, así que se resignó y tuvo que alejarse.

Al día siguiente lo volvió a oír. Era la misma melodía, tristona y lenta, muy lenta, como sus pasos. Era como sin el piano fuese a tempo con ella. Cuando pasaba bajo su ventana y le oía tocar, sentía una sensación muy extraña, como si flotase, como si llevara la música dentro, muy dentro de sí. Aquella dulce sintonía, le hacía recordar su pasado, como cuando, siendo una niña, también ella quiso aprender a tocar un piano, quiso cerrar los ojos frente a uno, poner sus dedos en las teclas, abrir los ojos de repente y tocar, tocar hasta el infinito, arrancar nota por nota, una canción, sentirse libre como se sentía ahora oyendo tocar al desconocido.

Ni siquiera sabía de dónde procedía la música. Miró hacia las ventanas, pero no consiguió ver nada. Quizá no fuese un piano. Quién sabe, a lo mejor se trataba de una simple grabación de música clásica.

Sin embargo, ella se resistía a creerlo, prefería pensar que su ser se estaba enamorando del sonido de un piano extraño, sin conocer al dueño de las manos que tocaban tan preciosa música.

Poco a poco y día tras día, el sonido al pasar bajo aquellas ventanas le era más familiar y el acostumbrarse a oír siempre la misma sintonía le hizo comprender que la persona que tocaba estaba ensayando. Todos los días le deseaba, interiormente, suerte, porque ella pensaba que tal vez su desconocido pianista fuese algún día a una audición. Pero también deseaba que, si le daban un trabajo, esa persona no se fuese de la ciudad. Alguna vez pensó que quizá su pianista tocase por placer, por amor a la música, lo que le gustaba aún más. Así nunca se iría.

Un día, al pasar bajo su ventana, no oyó la fantástica música que esperaba. Sin embargo, no le dio mucha importancia ya que nunca la oía a la misma hora, sino que unas veces era al entrar y otras, al salir de clase. Pero al salir, tampoco la oyó. Esperó un rato, impaciente, pero nada. Sólo el sonido estruendoso de los coches al pasar. Así que, triste, regresó a casa. Empezó a hacer cavilaciones de la más diversa índole. Llegó a creerse de verdad la historia que ella misma había inventado, sobre la grabación. También pensaba que quizá le hubiese ocurrido algo a su desconocido pianista.

Aquel día fue eterno para ella. Deseaba que llegara el día siguiente, para ir a clase y comprobar si el pianista tocaba o no. Y el día siguiente llegó. A la ida, creyó oír algo, pero acabó suponiendo que había sido su propia imaginación. A la vuelta, y mientras recordaba el susto del día anterior, oyó unos magníficos acordes.

Era otra melodía, igual de bella que la primera que escuchó. Y recordó como, un día antes, el viento intentaba devolverle una sonrisa que sólo el sonido de aquel piano le haría recobrar. Una sonrisa que se había llevado aquel maldito silencio y que la nueva pieza le devolvió.

Allí se quedó, disfrutando con su música durante más de un minuto, parada, con los ojos cerrados, mientras la gente la miraba con caras raras al pasar, creyendo tal vez que estaba loca. Y sí lo estaba. Lo estaba por la música que emitía aquel piano. Por su sonido, inigualable para ella, que no conocía mucho sobre piezas de música clásica, ya que hasta entonces el no poder aprender a tocar el piano le había hecho sentir repulsión hacia aquel tipo de música.

Pero ahora se daba cuenta que tenía mucho que aprender sobre música y al comparar aquella melodía con el inacabable pompom de la música de discoteca, prefirió mil veces lo que deleitaba ahora sus oídos, aunque no pudiera bailar, porque se sentía muy bien, se relajaba y creía volar.

Volvió a sentir, entonces, ganas de tocar un piano, ganas de aprender, ganas de saber. Pero ya era demasiado mayor para empezar a estudiar solfeo y no quería sentirse una fracasada si por casualidad, veía que debía dejar de tocar para seguir estudiando el bachillerato. No. Era mejor que dedicase su tiempo a otra cosa en la que supiera que podía triunfar.

Dejó de pensar en todo aquello al recordar que tenía prisa y ya había perdido bastante tiempo allí parada, escuchando al pianista tocar. Caminó deprisa, pensando que por muchas otras que hiciera, lo que de verdad le gustaba, ya desde niña, era ser algún día una gran música y tocar en un inmenso piano para la gente que quisiese verla.

Ella sí que tocaría por el mero hecho de tocar, por sentir la música y no por el sucio dinero por el cual casi todos los músicos están en ello.

Reflexionó durante días sobre ello y también sobre como llegar a conocer a su pianista, pero se dio cuenta que era tan difícil verle tocar... Tuvo miedo de que si el pianista se daba cuenta de que ella le escuchaba cada mañana, podía dejar de practicar a esa hora, y perder su música, era para ella perderlo todo. Las ganas de vivir, la ilusión, todo.

Y muy dentro de su ser, algo se dio cuenta de que aunque algún día dejase de escuchar aquella extraordinaria música, nunca olvidaría aquel sonido... nunca lo olvidaría, nunca.

Agosto de 1994.

Diga treinta y tres

Una a una, inexorablemente, se han caído las hojas del calendario y otra vez, es mi cumpleaños. Una a una, sin pausa y con muchísima prisa ha vuelto a llegar.

Vivo al borde mismo del abismo de la ansiedad. Ya he recorrido algo más de un tercio de mi vida (sí, lo sé, aspiro a una vida larga y a ser posible, plena) y me pregunto a dónde han ido a parar mis sueños. A dónde han ido las ilusiones, los viajes, los caminos no recorridos. Me pregunto qué ha sido de la joven idealista que todo lo veía posible. En el fondo, no está muy escondida, atisba la realidad desde mis pupilas, se sigue sorprendiendo con cosas pequeñas y le sigue gustando volcar en el folio todo aquello que le inquieta. Pero luego, en el lado material, las cosas no van bien. El trabajo no llega, la presión económica es cruel, implacable, despiadada.

Así que, la ansiedad a veces, me juega malas pasadas y consigue que mi corazón se alborote, que salte sin sentido en mi pecho y que las lágrimas se cuelguen de mis pestañas dudando si saltar o quedarse ahí, emborronando mi visión y dándole alas a mis dudas. Reblandeciéndome el cerebro.

Esta noche, al borde del precipicio, resbalando y manteniendo el equilibrio a duras penas, he cruzado la frontera de los treinta y tres. Últimamente he tenido que oírselo demasiado al doctor, diga treinta y tres, diga treinta y tres. En eso, también la edad se nota.

A pesar de que la fachada está bien, sin necesidad de usar chapa y pintura diaria, por dentro, el cuerpo ya se va quejando.

Pequeños dolores, pequeñas incertidumbres que te van marcando el paso de los años.

Sólo pido que al menos, lo que está dentro de la sesera continúe así. Seguir haciendo las cosas con la misma ilusión, con el mismo cariño. Seguir emocionándome con esas cosas inevitables, que quienes me conocen saben, seguir derrochando alegría y risas, seguir derramando lágrimas por lo que creo. Seguir escribiéndole versos a la luna.

Cuando se dan algunas de estas situaciones, es cuando me siento yo misma y lo demás, la falta de trabajo, el zigzaguear del tiempo, pasa desapercibido unos minutos. Unos minutos en los que dejo de preocuparme. Unos minutos en los que vuelvo a ser niña otra vez y a reírme a carcajadas. A emocionarme mirando fotos y planeando el futuro, recordando playas de arena fina y silencios llenos de miradas cómplices.

Aquí estoy, aquí estaré, diciendo treinta y tres por los próximos 365 días. Y sólo espero que la vida no me tosa ni un ápice, porque si lo hace, repetiré con la cabeza bien alta: treinta y tres.

www.ingramcontent.com/pod-product-compliance
Ingram Content Group UK Ltd.
Pitfield, Milton Keynes, MK11 3LW, UK
UKHW021654190726
13853UKWH00001B/250

9 788461 530007